ΤΗΛΕΦΩΝΙΚΗ ΕΡΕΥΝΑ

- **Πρόβλημα;** Ποιες είναι οι πιο σημαντικές στρατηγικές και συμβουλές για να κάνετε τις τηλεφωνικές σας κλήσεις πιο αποτελεσματικές;

- **Γιατί είναι σημαντικό;** Η *τηλεφωνική εξυπηρέτηση είναι μια ουσιαστική δραστηριότητα για κάθε επιχείρηση και συμβάλλει στη διεύρυνση του κύκλου των πελατών και ευνοεί έτσι τη διάρκεια της επιχείρησής σας.*

- **Πλαίσιο?** Προσέγγιση πωλήσεων, αναζήτηση πελατών, μάρκετινγκ, προφορική επικοινωνία κ.λπ.

- **ΣΥΧΝΕΣ ΕΡΩΤΗΣΕΙΣ?**

  - Πώς να ξεπεράσετε το εμπόδιο της γραμματείας;

  - Πώς παρακολουθείτε και διαχειρίζεστε μια εκστρατεία τηλεμάρκετινγκ;

  - Πώς να παρακολουθείτε αποτελεσματικά έναν δυνητικό πελάτη;

  - Πώς μπορώ να προετοιμαστώ για απροσδόκητες καταστάσεις;

  - Πώς μπορώ να διατηρήσω την ψυχραιμία μου αν ο υποψήφιος εκνευριστεί;

  - Πώς να προβλέψετε πιθανές αντιρρήσεις;

  - Πώς μπορώ να διασφαλίσω ότι ένας υποψήφιος συμφωνεί;

ΤΗΛΕΦΩΝΙΚΗ ΕΡΕΥΝΑ

4 βασικά βήματα πριν από ένα τηλεφωνικό ραντεβού

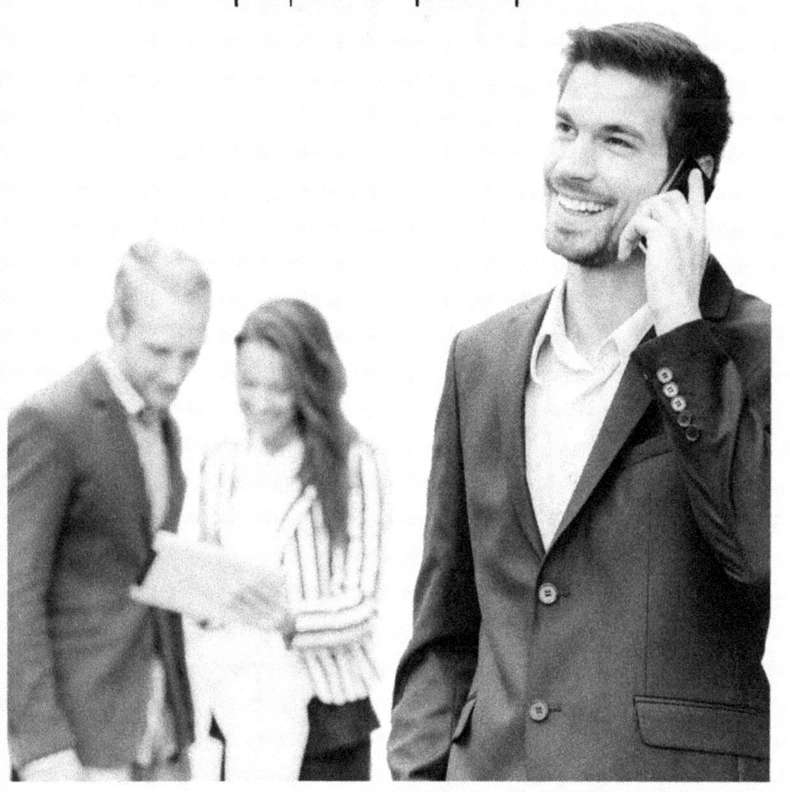

ΤΗΛΕΦΩΝΙΚΗ ΕΡΕΥΝΑ

4 βασικά βήματα πριν από ένα τηλεφωνικό ραντεβού

γραμμένο από Noé Spies
μεταφρασμένο από Lina Sideris

Η χρησιμότητα της τηλεφωνικής αναζήτησης υποτιμάται γενικά. Ωστόσο, είναι απαραίτητη για τη σωστή ανάπτυξη μιας εταιρείας. Πράγματι, μπορεί να είναι ένας γρήγορος και αποτελεσματικός τρόπος για να αυξήσετε το βιβλίο διευθύνσεών σας και να προωθήσετε την εταιρεία σας σε πιθανούς πελάτες. Ωστόσο, είναι σημαντικό να ξέρετε πώς να τη διεξάγετε σωστά, διότι, αν δεν το κάνετε, η εργασία αυτή θα αποδειχθεί κουραστική, ακόμη και αποθαρρυντική. Πράγματι, ο υποψήφιος που προσπαθείτε να προσεγγίσετε δεν είναι πάντα διαθέσιμος ή δεν ενδιαφέρεται καν για το έργο σας. Μια ολόκληρη σειρά από λόγους μπορεί να τους ωθήσει να σας κλείσουν το τηλέφωνο, προκαλώντας σοβαρό πλήγμα στο ηθικό σας.

Η τηλεφωνική αναζήτηση είναι μια πραγματική στρατηγική μάρκετινγκ που πρέπει να μάθουμε να διαχειριζόμαστε, μέσω του σεβασμού διαφόρων αρχών. Πράγματι, η προσέγγιση αντιστοιχεί κυρίως σε μια τεχνογνωσία που αφήνει ελάχιστα περιθώρια για αυτοσχεδιασμό. Σήμερα, η επαγγελματοποίηση αυτής της εμπορικής τεχνικής έχει οδηγήσει σε έναν μεγάλο αριθμό μεθόδων, οι οποίες, αν τις κατακτήσετε, θα σας επιτρέψουν να αποφύγετε όλες τις παγίδες.

Σε τέσσερα βήματα και με τη βοήθεια ορισμένων συμβουλών, θα μπορέσετε να μεγιστοποιήσετε τις πιθανότητες επιτυχίας σας στην τηλεφωνική αναζήτηση και να μεγιστοποιήσετε τις επιδόσεις σας στην απόκτηση πελατών. Αν και το παρόν φυλλάδιο έχει ως στόχο να σας καθοδηγήσει στο δρόμο προς την επιτυχία, θα πρέπει να γνωρίζετε ότι δεν υπάρχει καμία θαυματουργή συνταγή. Μόνο με εξάσκηση και εκπαίδευση θα πετύχετε τους στόχους σας.

ΤΑ ΒΑΣΙΚΑ ΓΙΑ ΝΑ ΕΙΣΤΕ ΕΝΑΣ ΑΣΟΣ ΤΗΛΕ-ΕΠΙΘΕΩΡΗΤΗΣ

Η ΠΡΟΕΤΟΙΜΑΣΙΑ

Δεν έχει νόημα να αρχίσετε να τηλεφωνείτε στις προοπτικές σας αν οι συνθήκες εργασίας σας δεν είναι κατάλληλες. Υπάρχουν ορισμένα πράγματα που πρέπει να λάβετε υπόψη για να διασφαλίσετε ότι θα αισθάνεστε άνετα όταν κάνετε κλήση.

Γνωρίστε το προϊόν σας

Είναι λογικό: μην αρχίσετε να αναζητάτε νέους πελάτες αν δεν έχετε κατανοήσει σε βάθος το προϊόν ή την υπηρεσία που θέλετε να πουλήσετε, από κάθε άποψη. Ειδικότερα, είναι πολύ χρήσιμο να ερευνήσετε τους κύριους ανταγωνιστές σας, προκειμένου να μάθετε τι προσφέρουν και να σημειώσετε τα σημεία που σας διαφοροποιούν. Όταν πραγματοποιείτε κλήσεις, μπορείτε στη συνέχεια να επικεντρωθείτε σε συγκεκριμένα στοιχεία που σας δίνουν πλεονέκτημα έναντι των ανταγωνιστών σας. Εξάλλου, οι ανταγωνιστές σας είναι πιθανό να καλούν τις ίδιες προοπτικές...

Δημιουργία λεπτομερούς φακέλου υποψήφιων πελατών

Το πρώτο βήμα πριν ξεκινήσετε είναι να προετοιμάσετε και να επεξεργαστείτε τον κατάλογο των υποψήφιων πελατών σας. Είναι προφανώς απαραίτητο να γνωρίζετε καλά το πρόσωπο και την εταιρεία με την οποία πρόκειται να επικοινωνήσετε, προκειμένου να προσπαθήσετε να τους πείσετε, αλλά και για να γνωρίζετε αν ανταποκρίνονται στους στόχους και τα προφίλ που αναζητάτε. Για να το κάνετε αυτό, καταρτίστε ένα πλήρες πορτρέτο κάθε δυνητικού πελάτη, συμπεριλαμβανομένων:

- τα πλήρη χαρακτηριστικά της εταιρείας με τον τομέα δραστηριότητάς της, τον κύκλο εργασιών, την ιστορία, τις τρέχουσες εκδηλώσεις, τους εργαζομένους και τα στοιχεία επικοινωνίας.

- το ακριβές όνομα του ατόμου με το οποίο θέλετε να επικοινωνήσετε, τον εσωτερικό του αριθμό και, εάν είναι δυνατόν, τον άμεσο αριθμό τηλεφώνου του. Με αυτόν τον τρόπο, θα αποφύγετε τα εμπόδια της γραμματείας.

Κάντε στον εαυτό σας τις ακόλουθες ερωτήσεις:

- Ποιος είναι ο ακριβής σκοπός της κλήσης μου (απλή επαφή, επίτευξη ραντεβού, άμεση πώληση κ.λπ.);

- Ποιος είναι ο υπεύθυνος επικοινωνίας μου; Έχω έρθει σε επαφή μαζί του/της στο παρελθόν; Ποια είναι η θέση τους στην εταιρεία; Έχει εξουσία λήψης αποφάσεων;

Αυτή η **συλλογή** πληροφοριών σας επιτρέπει να γνωρίζετε σε ποιον απευθύνεστε, αλλά και να δημιουργήσετε δεσμούς μεταξύ του στόχου σας και του στόχου σας: προσπαθήστε να εντοπίσετε κοινά ενδιαφέροντα, για παράδειγμα. Στην ψηφιακή εποχή, είναι εύκολο να το κάνετε αυτό. Πολλά δεδομένα μπορούν να βρεθούν στον ιστότοπο της εταιρείας ή σε κοινωνικά δίκτυα όπως το Twitter, το Facebook ή το LinkedIn. Φυσικά, διατηρείτε τα αρχεία σας και τα ενημερώνετε τακτικά.

Βάλτε τον εαυτό σας στις κατάλληλες συνθήκες

Όταν πραγματοποιείτε τηλεφωνικές κλήσεις, επιλέξτε και προετοιμάστε κατάλληλα το περιβάλλον σας. Αν βρίσκεστε σε ένα θορυβώδες μέρος με πολύ κόσμο γύρω σας, θα δυσκολευτείτε να συγκεντρωθείτε και ο συνομιλητής σας θα πρέπει να καταβάλει επιπλέον προσπάθεια για να σας καταλάβει. Όλα αυτά δεν θα διευκολύνουν την επαφή με τον πιθανό πελάτη σας, ο οποίος μπορεί να μην σας πάρει στα σοβαρά και να κλείσει το τηλέφωνο μόλις ξεκινήσει η συζήτηση.

Για βέλτιστη ατμόσφαιρα εργασίας, επιλέξτε ένα ήσυχο και απομονωμένο μέρος όπου μπορείτε να εκφραστείτε με ηρεμία. Εάν δεν έχετε άλλη επιλογή από τον *ανοιχτό σας χώρο*, ενημερώστε τους συναδέλφους σας ότι πραγματοποιείτε συνεδρία τηλεπισκόπησης, ώστε να σεβαστούν τη δουλειά σας.

Κρατήστε επίσης σημειώσεις ή καταγράψτε τη συζήτησή σας: όλες οι πληροφορίες που θα σας δώσει ο υποψήφιός σας είναι πολύτιμες, γι' αυτό κρατήστε τις προσεκτικά!

 **ΜΙΚΡΟ ΣΥΝ**

Η τηλεφωνική έρευνα δεν πρέπει να θεωρείται δευτερεύουσα εργασία στο πρόγραμμά σας. Ορίστε μια συγκεκριμένη ώρα στο ημερολόγιό σας, όταν θα το κάνετε αυτό και τηρήστε την. Στο βιβλίο του *Comment trouver et fidéliser vos clients*, ο Arnaud Cielle αναφέρει ότι η ιδανική διάρκεια μιας *τηλεφωνικής* συνάντησης είναι μεταξύ 1,5 και 3 ωρών.

ΕΠΙΚΟΙΝΩΝΙΑ

Η πρώτη εντύπωση που κάνετε στον καλούντα είναι κρίσιμη και θα καθορίσει το πόσο καλά θα πάει η τηλεφωνική συνομιλία. Αν τα πρώτα σας λόγια είναι διστακτικά ή αμήχανα, η εικόνα σας θα επηρεαστεί αρνητικά. Επομένως, η επεξεργασία της επαφής σας είναι ένα βήμα που δεν πρέπει να παραμεληθεί, προκειμένου να κάνετε μια καλή αρχή με τον υποψήφιο πελάτη σας.

Προσέλκυση του ενδιαφέροντος του υποψήφιου πελάτη

Στα άρθρα του, ο Victor Cabrera, προπονητής και σύμβουλος σε θέματα αποτελεσματικότητας των πωλήσεων, εξηγεί ότι, όπως και κατά τη διάρκεια μιας φυσικής επαφής, ο υποψήφιος σας θα σχηματίσει γνώμη για εσάς στα πρώτα 20 δευτερόλεπτα. Επιπλέον, σύμφωνα με τον ίδιο, η πρώτη επαφή καθορίζει το 80% του αποτελέσματος της προσέγγισής σας: η αντίληψη που θα έχει ο δυνητικός πελάτης σας για εσάς θα καθοριστεί από αυτή την πρώτη εντύπωση.

Να είστε λοιπόν δυνατοί και σαφείς στις πρώτες σας λέξεις: συστηθείτε συνοπτικά (το όνομά σας και η επωνυμία της εταιρείας σας) και μεταφέρετε το κύριο μήνυμα μάρκετινγκ από την αρχή. Για να το πετύχετε αυτό, να θυμάστε ότι πρέπει να διαφοροποιηθείτε από τους ανταγωνιστές σας. Επισημάνετε τα οφέλη που θα αποκομίσει ο υποψήφιος πελάτης σας από τη συνεργασία μαζί σας: ένα πλεονέκτημα, μια ποιότητα, ένα χαρακτηριστικό, μια ελκυστική τιμή κ.λπ.

Ο στόχος είναι να προκαλέσετε άμεσα το ενδιαφέρον του υποψήφιου πελάτη σας αποφεύγοντας τις κοινοτοπίες. Πρέπει να εστιάσετε σε μια ανάγκη - όσο το δυνατόν πιο συγκεκριμένη - της επαφής σας και να καταδείξετε με μια πρόταση πώς η προσφορά σας θα του/της επιτρέψει να την ικανοποιήσει: εξοικονόμηση πόρων, οφέλη ή συγκεκριμένα επιτεύγματα. Εξ ου και η σημασία της φάσης της προετοιμασίας που αναπτύχθηκε παραπάνω, η οποία σας επιτρέπει να έχετε μια καλή ιδέα για το τι ενδιαφέρει τον υποψήφιο πελάτη σας και έτσι να εξατομικεύσετε τις κλήσεις σας.

Στη συνέχεια, προσπαθήστε να συνάψετε μια συμφωνία. Το αντικείμενο της συμφωνίας μπορεί να μην σχετίζεται άμεσα με τον τελικό σας στόχο. Είναι απλώς θέμα να πείσετε το άλλο άτομο να συμφωνήσει. Για παράδειγμα, ρωτήστε τον υποψήφιο πελάτη σας: "Θα συμφωνούσατε να μου δώσετε λίγα λεπτά ακόμα; Στην πραγματικότητα, στην ψυχολογία, σύμφωνα με τη θεωρία της δέσμευσης, η απόκτηση της αρχικής συγκατάθεσης του υποψήφιου πελάτη σας για οποιονδήποτε λόγο (όσο ασήμαντος και αν είναι) σας δίνει πολύ περισσότερες πιθανότητες να πετύχετε την υπόλοιπη διαπραγμάτευση. Γιατί να συμβαίνει αυτό; Επειδή ο ανθρώπινος εγκέφαλος, σε μια λογική συνέπειας, θα μπει αυτόματα στον πειρασμό να παραμείνει σε αρμονία με τις προηγούμενες επιλογές του.

Στη συνέχεια, παρουσιάστε στον υπεύθυνο της συνέντευξης ένα σχέδιο για το πώς θα διεξαχθεί η συνέντευξη: αυτό σας δίνει τον έλεγχο της συνέντευξης και δείχνει ότι είστε δομημένοι. Τέλος, προσδιορίστε το χρόνο που απαιτείται για την προσέγγισή σας, για να δείξετε ότι είστε επαγγελματίας και ότι σας ενδιαφέρει και η διαθεσιμότητά τους.

Θέτοντας τις σωστές ερωτήσεις

Μόλις επιτευχθεί η επαφή, θα σας ζητηθεί να ξεκινήσετε μια πραγματική συνομιλία με τον υποψήφιο πελάτη σας προκειμένου να:

• να τους πείσετε για τα πλεονεκτήματα της προσέγγισής σας,

• να προσδιορίσουν καλύτερα τις ανάγκες τους συγκεντρώνοντας πλήθος πληροφοριών γι' αυτές.

Για να επιτύχετε αυτούς τους δύο στόχους, βεβαιωθείτε ότι κάνετε τις ερωτήσεις σας με ακρίβεια. Εναλλακτικά, θα πρέπει να κάνετε στον συνεντευκτή σας τόσο ανοιχτές όσο και κλειστές ερωτήσεις. Ενδιαφερθείτε πραγματικά για τον υποψήφιο πελάτη σας και κάντε τον να θέλει να συμμετάσχει στη συζήτηση με:

• Ζητήστε τη γνώμη τους ("Πώς το βλέπεις;", "Τι πιστεύεις;"). Αυτό θα δώσει στον υποψήφιο πελάτη σας την ευκαιρία να εντοπίσει ένα θέμα που είναι σημαντικό γι' αυτόν και να το λάβετε υπόψη σας,

• ρωτώντας τους για τις ανάγκες και τις επιθυμίες τους,

• να τον ρωτάτε για την εταιρεία του, τη δουλειά του και την καθημερινή του ζωή.

Στη συνέχεια, σκεφτείτε να κάνετε κλειστές ερωτήσεις, αν θέλετε να πάρετε:

- επιβεβαίωση της κατανόησής σας,

- πραγματικές πληροφορίες (ένα νούμερο, μια ημερομηνία κ.λπ.),

- ένας ισχυρισμός ή μια άρνηση για ένα νεφελώδες θέμα.

Αυτή η φάση της ανακάλυψης και του προσδιορισμού των αναγκών του υποψήφιου πελάτη σας είναι απαραίτητη. Αλλάζοντας τους τύπους των ερωτήσεων και αναδιατυπώνοντας αυτά που λένε, θα μπορέσετε να λάβετε τις πληροφορίες που θέλετε. Στη συνέχεια, μπορείτε να ανατρέξετε σε αυτές τις πληροφορίες για να βελτιώσετε την επιχειρηματολογία σας και, κυρίως, για να απαντήσετε στις αντιρρήσεις του υποψήφιου πελάτη σας.

ΣΥΜΒΟΥΛΙΟ

Αποφύγετε να κάνετε πολλές ερωτήσεις πολύ απότομα, καθώς αυτό μπορεί γρήγορα να απενεργοποιήσει το άτομο στην άλλη άκρη της γραμμής και να το κάνει να αισθανθεί ότι απλώς διεξάγετε μια βαρετή έρευνα.

ΤΟ ΕΠΙΧΕΙΡΗΜΑ

Έχετε δημιουργήσει μια πολλά υποσχόμενη πρώτη επαφή με τον συνομιλητή σας και είναι έτοιμος να σας ακούσει. Τώρα πρέπει να τους πείσετε για την αξία του προϊόντος ή της υπηρεσίας σας, αντιμετωπίζοντας επιδέξια τις αντιρρήσεις τους. Ο στόχος σας εδώ είναι να κλείσετε ένα ραντεβού.

Ανάπτυξη επιχειρημάτων και απάντηση σε αντιρρήσεις

Η καλή επιχειρηματολογία απαιτεί την τήρηση ορισμένων βασικών κανόνων και διαρθρώνεται σε διάφορα στάδια:

- ξεκινήστε τονίζοντας το πολύ τρία οφέλη για τους πελάτες. Δεν χρειάζεται να πείτε περισσότερα, καθώς έτσι θα χάσετε την προσοχή του υποψήφιου πελάτη σας,

- Στη συνέχεια, προβάλλετε επιχειρήματα σχετικά με το(α) πρόβλημα(τα) που έθεσε ο συνεντευξιαζόμενος στο προηγούμενο βήμα. Στόχος είναι να τους κάνετε να αισθανθούν ότι η προσφορά σας είναι προσαρμοσμένη στις ανάγκες τους και ότι έχετε εντοπίσει τις προσδοκίες τους,

- Τέλος, δώστε τους χρόνο να απαντήσουν στα επιχειρήματά σας.

Τρεις πιθανότητες αναδύονται τότε:

- στην καλύτερη περίπτωση, ο υποψήφιος σας αγοράζει όλα τα επιχειρήματά σας,

- Ενδιαφέρεται, αλλά έχει κάποιες αντιρρήσεις,

- δεν είναι ή δεν είναι πλήρως έτσι και διατυπώνει επίσης αντιρρήσεις.

👁 ΜΙΚΡΟ ΣΥΝ

Μην εκλαμβάνετε την αντίρρηση ενός υποψήφιου πελάτη ως αποτυχία. Συχνά στις πωλήσεις, οι αντιρρήσεις μπορούν να αποκαλύψουν σημάδια ενδιαφέροντος από τον υποψήφιο πελάτη σας, ο οποίος στην πραγματικότητα αναζητά περισσότερα.

Στις δύο τελευταίες περιπτώσεις - τις πιο συχνές - θα πρέπει να είστε σε θέση να αντιδράσετε γρήγορα. Πώς το κάνετε αυτό; Το πρώτο βήμα είναι να αποδεχτείτε την κατάσταση και στη συνέχεια να την εκμεταλλευτείτε. Σχεδόν ποτέ δεν θα μπορέσετε να ολοκληρώσετε μια πώληση χωρίς ο συνομιλητής σας να εγείρει ορισμένα εμπόδια. Μάθετε πώς να ξεπεράσετε αυτά τα εμπόδια για να γείρετε την ισορροπία υπέρ σας.

Για να το κάνετε αυτό, θα πρέπει πρώτα να μάθετε ποιος είναι ο λόγος της ένστασης. Κάντε τόσο ανοικτές όσο και κλειστές ερωτήσεις. Καθώς η φύση της ένστασης σπάνια είναι σαφής, αφιερώστε χρόνο για να ακούσετε τις ανησυχίες του υποψήφιου πελάτη σας, ώστε να τον καθησυχάσετε κατάλληλα. Με αυτόν τον τρόπο θα αποφύγετε να βιαστείτε και να ακολουθήσετε λάθος δρόμο χωρίς να καταλάβετε σε τι πραγματικά έχουν αντίρρηση. Επιπλέον, θα τους δείξετε ότι δίνετε προσοχή στην κατάστασή τους.

 ## ΝΑ ΑΠΟΦΕΥΓΕΤΑΙ

Αν και είναι καλό να δείχνετε ενσυναίσθηση, προσέξτε να μην αποδείξετε το δίκιο του υποψήφιου πελάτη σας παραδεχόμενοι ότι η προσφορά σας έχει ελαττώματα. Χρησιμοποιήστε γλώσσα όπως "Καταλαβαίνω την άποψή σας. Είναι φυσιολογικό να έχετε ερωτήσεις σχετικά με αυτό. Ωστόσο..." αντί για "Έχεις δίκιο".

Στη συνέχεια, δώστε μια ακριβή και εξατομικευμένη απάντηση στην αντίρρηση του υποψήφιου πελάτη σας. Εδώ πρέπει να διακρίνετε τον τύπο της ένστασης που αντιμετωπίζετε:

- Εάν ο συνομιλητής σας έχει αμφιβολίες, υποστηρίξτε τα λεγόμενά σας με κατάλληλα στοιχεία, όπως ο κύκλος εργασιών, οι επιδόσεις, τα αποτελέσματα μιας μελέτης κ.λπ. Τα στοιχεία θα λειτουργήσουν αυτόματα ως κύρος και επιβεβαίωση. Τα γεγονότα θα λειτουργήσουν αυτόματα ως έγκυρα επιχειρήματα και θα βοηθήσουν να τους καθησυχάσουν. Στο χέρι σας είναι να βρείτε αυτόν που θα πετύχει το καρφί στο κεφάλι, σύμφωνα με την κριτική τους!

- Εάν υπάρχει πραγματική αντίρρηση, κάνετε αυτό που ονομάζεται μετάβαση. Αυτό επιτυγχάνεται μετακινώντας τη συζήτηση πέρα από το σημείο της ένστασης, αποδεικνύοντας πώς ορισμένα σημεία της προσφοράς σας εξακολουθούν να καλύπτουν τις ανάγκες του υποψήφιου πελάτη σας- εν ολίγοις, αποφεύγοντας να μιλάτε για την ίδια την κριτική. Για να επιτύχετε σε αυτό το βήμα, πρέπει να έχετε ανακαλύψει τις ανάγκες του υποψήφιου πελάτη σας και να έχετε καταγράψει τα βασικά σημεία, ώστε να μπορείτε να τα αναδείξετε σε αυτό το σημείο. Αυτό θα σας επιτρέψει να εξισορροπήσετε τη ζυγαριά μετά την ένσταση.

Τέλος, συνοψίστε όλες τις αντιρρήσεις του συνομιλητή σας - αυτό θα δείξει ότι τις καταλαβαίνετε - και στη συνέχεια αποδείξτε του με τα Α+Β ότι η προσφορά σας ανταποκρίνεται στις ανάγκες του. Ολοκληρώστε με μια ερώτηση για να δείτε αν έχουν πειστεί ή όχι από την πρότασή σας. Εάν η απάντηση είναι θετική, συγχαρητήρια!

Αν δεν είναι, ξεκινήστε τη διαδικασία από την αρχή: κάντε μια νέα ερώτηση για να μάθετε το γιατί. Εάν υπάρχει αμφιβολία, ρωτήστε τον υποψήφιο πελάτη σας ποια στοιχεία είναι πιθανό να τον πείσουν και προσπαθήστε να τα προσκομίσετε ή να προσφέρετε άλλα στοιχεία. Εάν υπάρχει πραγματική αντίρρηση, τα επιχειρήματά σας δεν ήταν αρκετά ισχυρά. Μπορείτε πάντα να προσπαθήσετε να προσθέσετε πλεονεκτήματα για να τους κάνετε να πάρουν το μέρος σας (ένα μπόνους πελατών, μια μεγαλύτερη εγγύηση, μια δοκιμαστική περίοδος κ.λπ.). Ιδανικά σε αυτή την περίπτωση θα πρέπει να κλείσετε με ένα άνοιγμα, ώστε να έχετε μια νόμιμη δικαιολογία για να επικοινωνήσετε ξανά μαζί τους.

Το παρακάτω διάγραμμα δείχνει τα διάφορα βήματα που πρέπει να ακολουθήσετε για να αναπτύξετε ένα πειστικό επιχείρημα και να αντιμετωπίσετε όλες τις αντιρρήσεις του υποψήφιου πελάτη σας.

Διαχειριστική μορφή: προφορικός λόγος

Αλλά δεν αρκεί να κατακτήσετε το περιεχόμενο του επιχειρήματός σας για να κερδίσετε κάθε μάχη- πρέπει να διαχειριστείτε και τη μορφή, δηλαδή τον προφορικό λόγο! Πολλοί επαγγελματίες που κάνουν ψυχρές κλήσεις συχνά αποτυγχάνουν στην τηλεφωνική τους αναζήτηση, επειδή η προφορική τους επικοινωνία δεν είναι καλή. Αυτό μπορεί να οφείλεται σε διάφορους λόγους:

- άγχος ,

- δισταγμοί ,

- κακή άρθρωση ,

- τραυλισμός ,

- πολύ γρήγορη ροή ,

- έλλειψη τονισμού ,

- ψυχρότητα στη φωνή,

- κ.λπ.

Για να αποφύγετε τέτοιου είδους καταστάσεις, σας παρουσιάζουμε εδώ μερικές γρήγορες και εύκολες ασκήσεις που θα σας βοηθήσουν να νιώθετε πιο άνετα όταν μιλάτε στο τηλέφωνο:

* Πριν τηλεφωνήσετε, πάρτε μια βαθιά ανάσα και πιείτε λίγο νερό για να καθαρίσει ο λαιμός σας,

* προθερμάνετε τη φωνή σας χασμουριάζοντας, γελώντας ή απαγγέλλοντας τα φωνήεντα,

* Όταν τηλεφωνείτε και κατά τη διάρκεια της κλήσης, αναγκάστε τον εαυτό σας να χαμογελάσει. Αυτό θα αντικατοπτρίζεται στην ενσυναίσθηση στη φωνή σας,

* ευκρινής. Το μήνυμά σας πρέπει να ακούγεται από το άτομο στο οποίο απευθύνεστε. Για να το κάνετε αυτό, εξασκηθείτε μόνοι σας ή με έναν φίλο σας προσομοιώνοντας μια συζήτηση,

* να μιλάτε με ρυθμό που δεν είναι ούτε πολύ αργός ούτε πολύ γρήγορος. Ο στόχος είναι να προσθέσετε τονισμό και να κάνετε τις λέξεις σας να ζωντανέψουν,

* Μην χρησιμοποιείτε πολύ τεχνικό ή επιστημονικό λεξιλόγιο ή γλώσσα που είναι πολύ οικεία. Προτιμήστε την κλασική και κατανοητή γλώσσα. Προσθέστε οπτική γλώσσα ώστε οι υποψήφιοι πελάτες σας να μπορούν να οπτικοποιήσουν καλύτερα την προσφορά σας,

* Να είστε θετικοί στις λέξεις που χρησιμοποιείτε. Για παράδειγμα, χρησιμοποιήστε λέξεις όπως όφελος, κέρδος, κέρδος, πλεονέκτημα ή ανάπτυξη και αποφύγετε λέξεις όπως δυσκολία, εμπόδιο, απώλεια, κίνδυνος ή φόβος,

- Κρατήστε τις προτάσεις σας σύντομες, περιεκτικές και, αν είναι δυνατόν, σε ενεστώτα χρόνο. Αποφύγετε να μπλέκεστε σε ατελείωτους μονολόγους,

- κάντε μια παύση στην ομιλία σας για να πάρετε μια ανάσα και να δώσετε στον πελάτη την ευκαιρία να μιλήσει. Οι σιωπές μπορεί να είναι εξίσου χρήσιμες με τα επιχειρήματα.

👁 ΚΑΛΟ ΕΙΝΑΙ ΝΑ ΓΝΩΡΙΖΕΤΕ

Ο υποψήφιός σας ενδιαφέρεται πρωτίστως για την ικανοποίηση των αναγκών του. Αλλά θέλουν επίσης να αισθάνονται συντονισμένοι με τον πωλητή που επικοινωνεί μαζί τους. Μπορείτε να προβάλλετε όλα τα επιχειρήματα του κόσμου, αλλά αν ο υποψήφιος δεν αισθάνεται άνετα μαζί σας, η προσφορά σας δεν θα έχει πολλές πιθανότητες επιτυχίας.

Διανθίζοντας την προσφορά σας: *αφήγηση ιστοριών*

Η αφήγηση ιστοριών είναι απλά να λέτε μια ιστορία στο κοινό σας. Αλλά όχι οποιαδήποτε ιστορία! Πρόκειται για το να μιλάτε για το προϊόν σας με διαφορετικό τρόπο μέσω μιας ιστορίας, ώστε να κάνετε τους ανθρώπους να θέλουν να το αγοράσουν. Ο στόχος είναι να αναπτυχθούν θετικά συναισθήματα στην προοπτική με τη χρήση αφηγηματικού ύφους.

Στη δομή της ιστορίας σας θα πρέπει να συμπεριλάβετε τα βασικά στοιχεία μιας καλής αφήγησης: μια αρχική κατάσταση, ένα ενοχλητικό στοιχείο, έναν ήρωα, εμπόδια, μια αναζήτηση και μια λύση. Ωστόσο, δεν πρέπει να μοιάζει με παραμύθι- πρέπει να είναι αξιόπιστο και ρεαλιστικό. Εμπνευστείτε από τις *ιστορίες επιτυχίας των πελατών* της εταιρείας σας, για παράδειγμα.

Για να κάνετε τον υποψήφιο να συγκινηθεί από την ιστορία σας, ξεκινήστε απευθυνόμενοι στα συναισθήματά του, αναφέροντας ένα πρόβλημα με το οποίο μπορεί να σχετιστεί. Στη συνέχεια, απευθυνθείτε στη λογική τους διατυπώνοντας λύσεις. Αυτή η τεχνική επικοινωνίας, η οποία έχει ήδη αποδείξει την αξία της, θα σας επιτρέψει να τραβήξετε την προσοχή και το ενδιαφέρον της επαφής σας.

Για να αναπτύξετε μια συναρπαστική ιστορία, εξετάστε τα τρία βασικά ερωτήματα που θέτει ο ειδικός σε θέματα επιχειρηματικής στρατηγικής François Batun στο άρθρο του *Le storytelling pour un argumentaire commercial percutant*:

- "Ποια είναι τα προβλήματα που αντιμετωπίζει ο υποψή- φιός μου στην καθημερινή του ζωή; Κατασκευάστε ένα σενάριο με το οποίο ο υποψήφιος μπορεί να συσχετιστεί,

- "Ποια είναι τα στοιχεία αυτού του ζητήματος που γνωρίζω εγώ και δεν γνωρίζει ο πελάτης μου; Αυτή η ερώτηση θα σας επιτρέψει να βρείτε στοιχεία που θα διερευνήσουν το σύνολο του προβλήματος του υποψήφιου πελάτη σας. Όσο περισσότερο οι υποψήφιοι πελάτες σας εξερευνούν τα χαρακτηριστικά του προβλήματός τους (συμπεριλαμβανο- μένων των πτυχών που δεν είχαν σκεφτεί) μέσω της ιστο- ρίας σας, τόσο πιο πιθανό είναι να αγοράσουν την αφηγηματική σας πορεία,

- "Πώς μπορεί η επαφή μου να λύσει αυτό το πρόβλημα; Τα τελευταία στοιχεία της ιστορίας σας είναι η προσφορά που κάνετε και η οποία αποδεικνύεται ότι είναι η λύση στο πρόβλημα.

Αξιοποίηση των πληροφοριών που λαμβάνονται: η μέθοδος SONCAS(E)

Οι ανάγκες του πελάτη είναι επομένως ένα κρίσιμο θέμα στη συζήτηση για τις πωλήσεις. Γι' αυτό σας συνιστούμε να εφαρμόσετε τη μέθοδο SONCAS(E), η οποία είναι γνωστή στον κόσμο του μάρκετινγκ, αλλά δεν χρησιμοποιείται αρκετά. Το ακρωνύμιο συνοψίζει όλα τα αγοραστικά κίνητρα ενός δυνητικού πελάτη και έτσι διακρίνει μεταξύ διαφορετικών κατηγοριών πελατών ανάλογα με τα κριτήρια επιλογής προτεραιότητας. Αυτό οφείλεται στο γεγονός ότι ο πελάτης θέτει αναγκαστικά μια ιεράρχηση στη σημασία που δίνει σε κάθε κριτήριο. Με τη χρήση αυτής της τεχνικής, μπορείτε να γίνετε πιο αποτελεσματικοί στην επιλογή των ερωτήσεών σας και να κατανοήσετε γρήγορα τι είναι αυτό που κινητοποιεί τον υποψήφιο πελάτη σας. Αυτό θα σας διευκολύνει να ολοκληρώσετε τη συμφωνία. Μην ξεχνάτε να αναφέρεστε σε αυτούς τους διαφορετικούς μοχλούς λήψης αποφάσεων κατά τη διάρκεια των κλήσεών σας.

Διαπραγματεύεστε με στυλ: πέντε κανόνες που πρέπει να γνωρίζετε

Ο υποψήφιος δεν πείθεται πάντα εύκολα και μπορεί να σας ζητήσει παραχωρήσεις ή ειδικούς όρους. Επομένως, η γνώση του τρόπου διαπραγμάτευσης θα αποδειχθεί σημαντικό πλεονέκτημα σε πολλές περιπτώσεις. Να θυμάστε αυτά τα πέντε βασικά σημεία που ανέπτυξε ο Victor Cabrera στο άρθρο του *5 κλειδιά για αποτελεσματικές διαπραγματεύσεις*:

- Να είστε φιλόδοξοι από την αρχή, τολμώντας να ξεκινήσετε με υψηλή ζήτηση, ώστε να έχετε περιθώριο διαπραγμάτευσης. Εάν ορίσετε εξαρχής το ελάχιστο όριο, μειώνετε αυτόματα αυτό το περιθώριο,

- Καταγράψτε τα σημεία διαφωνίας σας και εντοπίστε τα λιγότερο σημαντικά για εσάς, εκείνα στα οποία είστε έτοιμοι να υποχωρήσετε. Συμφωνήστε να υποχωρήσετε σε αυτά τα σημεία, αλλά διαπραγματευτείτε ένα αντάλλαγμα. Ο υποψήφιος πελάτης σας θα νομίζει ότι μόλις έκανε μια καλή συμφωνία και θα είναι πιο πρόθυμος να ενδώσει,

- διαπραγματευτείτε το αντάλλαγμα που είναι πιο πολύτιμο για εσάς. Αυτή είναι η στιγμή-κλειδί για να γείρετε την ισορροπία υπέρ σας και να αντιστρέψετε την πίεση, καθώς μόλις συμφωνήσατε να κάνετε μια παραχώρηση,

- Μπορείτε να υπαναχωρήσετε από την αρχική σας προσφορά, αλλά με μικρά βήματα. Αν υποχωρήσετε όλοι μαζί, θα χάσετε το διαπραγματευτικό σας περιθώριο. Ο στόχος είναι να κερδίσετε τα περισσότερα δίνοντας τα λιγότερα,

- εμπλέξετε τον συνομιλητή σας προς την κατεύθυνση της κατάληξης. Αν δεν τους καλέσετε να ολοκληρώσουν, τους δίνετε την ευκαιρία να προβάλουν περαιτέρω απαιτήσεις και κινδυνεύετε να υπαναχωρήσουν από τη διαπραγμάτευση.

Για να αποφύγετε να δικαιολογήσετε τις τιμές σας, μετατοπίστε τη συζήτηση στην αξία της προσφοράς και όχι στην τιμή της.

ΤΟ ΣΥΜΠΕΡΑΣΜΑ

Η γνώση του τρόπου κλεισίματος μιας συνάντησης στο τέλος της συνέντευξης είναι τουλάχιστον εξίσου σημαντική με τα προηγούμενα βήματα. Υπάρχει ο κίνδυνος όλη η δουλειά που έχετε κάνει να ακυρωθεί από μια αδέξια προσπάθεια κλεισίματος. Επομένως, είναι σημαντικό να γνωρίζετε πώς να το κάνετε αυτό σωστά.

Μην πέσετε στην παγίδα να αναμασάτε ολόκληρη την παρουσίαση των πωλήσεών σας. Αντ' αυτού, επικεντρωθείτε στο να κλείσετε το ραντεβού. Για να το πετύχετε αυτό, πρέπει να προκαλέσετε την περιέργεια του υποψήφιου πελάτη σας, ώστε να θέλει να προχωρήσει περαιτέρω. Επομένως, μην λέτε πολλά, πείτε κάτι εντυπωσιακό που να περιλαμβάνει ένα σημαντικό πλεονέκτημα της προσφοράς σας και προτείνετε να μάθουν περισσότερα κατά τη διάρκεια μιας συνάντησης. Για παράδειγμα, αν αυτό συμβαίνει, τονίστε ότι η εταιρεία σας είναι η μόνη στην αγορά που προσφέρει τόσο χαμηλή τιμή για αυτό το είδος προϊόντος. Αναφέροντας μια ευκαιρία που δεν πρέπει να χάσετε, ενισχύετε την έννοια της σπανιότητας.

Τέλος, προτείνετε με δική σας πρωτοβουλία συγκεκριμένο τόπο και ημερομηνία συνάντησης, ακολουθούμενη από μια ευρύτερη δυνατότητα (για να αποφύγετε αντιρρήσεις): "Θα με βόλευε να έρθω στο γραφείο σας αυτή την Πέμπτη στις 11 π.μ.; Ή μήπως προτιμάτε το απόγευμα της Παρασκευής;

Λάβετε υπόψη σας ότι αυτή η μέθοδος δεν θα σας εξασφαλίζει κάθε φορά ραντεβού. Στην πραγματικότητα, κανείς δεν επιτυγχάνει 100% επιτυχία. Ωστόσο, θα σας επιτρέψει να αυξήσετε σημαντικά τα τρέχοντα αποτελέσματά σας. Να θυμάστε: η τηλεφωνική αναζήτηση είναι μια τέχνη που απαιτεί εξάσκηση και αυστηρότητα.

ΚΟΡΥΦΑΙΕΣ ΣΥΜΒΟΥΛΕΣ

- Ορίστε συγκεκριμένους στόχους για κάθε συνεδρία τηλεμάρκετινγκ. Αυτό θα σας επιτρέψει να συγκρίνετε τα αποτελέσματα από τη μία συνεδρία στην άλλη και να μαθαίνετε από αυτά για να βελτιώνεστε.

- Να είστε πεπεισμένοι για την προσέγγισή σας και να έχετε εμπιστοσύνη στον εαυτό σας. Αν είστε ανήσυχοι, αυτό θα φανεί.

- Χρησιμοποιήστε το χιούμορ κατάλληλα. Αυτό θα κάνει τη συζήτηση λιγότερο δραματική και θα διευκολύνει τον υποψήφιο πελάτη σας. Αλλά μην το παρακάνετε: τίποτα δεν είναι χειρότερο από έναν σκληρό πωλητή.

- Κατακτήστε την τέχνη της ακρόασης. Οι προοπτικές σας είναι επιτυχείς αν ο πιθανός πελάτης σας μιλάει περισσότερο από ό,τι εσείς. Θα αποκομίσετε πολύτιμες πληροφορίες από τη συζήτηση.

- Γνωρίστε την προσφορά σας εκ των έσω. Αυτό μπορεί να φαίνεται ασήμαντο, αλλά αν δεν ξέρετε τι προσφέρετε, σύντομα θα σας απορρίψει ο συνεντευκτής σας, ο οποίος δεν θα σας πάρει στα σοβαρά.

- Μην διστάζετε να τηλεφωνείτε τακτικά στις προοπτικές σας. Αν το πρώτο σας τηλεφώνημα έγινε σε λάθος ώρα, μη φοβηθείτε να ξαναπροσπαθήσετε. *Το τηλεφώνημα είναι επίσης μερικές φορές θέμα τύχης.*

- Μείνετε θετικοί απέναντι στις αντιρρήσεις και τις απορρίψεις. Αυτό θα εκπλήξει τον συνομιλητή σας, ο οποίος δεν θα περιμένει μια τέτοια αντίδραση. Μην τους διαψεύσετε, αλλά φέρτε νέα στοιχεία που θα μπορούσαν να αμφισβητήσουν την αρχική τους γνώμη.

- Μην λέτε ψέματα για την προσφορά σας και τηρήστε τις υποσχέσεις σας. Ακούγεται προφανές, αλλά μπορεί να συμβεί να παρασυρθείτε σε μια διαπραγμάτευση. Ό,τι λέτε πρέπει να είναι δίκαιο και εφικτό, διαφορετικά ο δυσαρεστημένος συνομιλητής σας θα σας δώσει κακό όνομα.

- Κρατήστε σημειώσεις ή καταγράψτε τη συζήτησή σας, ώστε να μη χάσετε κανένα από τα δεδομένα που σας παρέχει ο υποψήφιος. Αυτή είναι η βάση! Αυτό μπορεί να είναι χρήσιμο σε μια δεύτερη κλήση.

- Αν φοβάστε ότι θα ξεχάσετε πληροφορίες σχετικά με το προϊόν ή την υπηρεσία που πουλάτε, κρατήστε κοντά σας ένα φύλλο χαρτί που τις συνοψίζει. Ωστόσο, φροντίστε να γράφετε μόνο λέξεις-κλειδιά για να αποφύγετε την εντύπωση ότι διαβάζετε τα επιχειρήματά σας.

ΣΥΧΝΕΣ ΕΡΩΤΗΣΕΙΣ

ΠΩΣ ΝΑ ΞΕΠΕΡΑΣΕΤΕ ΤΟ ΕΜΠΟΔΙΟ ΤΗΣ ΓΡΑΜΜΑΤΕΙΑΣ;

Αυτό είναι ένα επίφοβο βήμα, αλλά πρέπει να βεβαιωθείτε ότι έχετε πείσει τη γραμματεία να σας συνδέσει με τον υπεύθυνο λήψης αποφάσεων που θέλετε να προσεγγίσετε. Για να το κάνετε αυτό, να είστε σταθεροί και να χρησιμοποιείτε έναν αποφασιστικό τόνο. Αναφέρετε επίσης το όνομα και το επώνυμο του ατόμου στο οποίο θέλετε να απευθυνθείτε.

Αυτό θα έχει ως εξής: "Γεια σας κύριε/κυρία, είμαι ο Victor Martin, Διευθυντής Πωλήσεων στο Χ, μπορείτε να με συνδέσετε με τον κύριο/κυρία Χ παρακαλώ;

Χρησιμοποιώντας έναν επιβλητικό τόνο φωνής, κάνετε να φαίνεται ότι γνωρίζετε τον υπεύθυνο λήψης αποφάσεων και ότι το μήνυμά σας είναι σημαντικό. Κάνετε να φαίνεται ότι η κλήση σας είναι αναμενόμενη από αυτό το άτομο και επομένως νόμιμη. Με αυτόν τον τρόπο, θα έχετε πολύ περισσότερες πιθανότητες να ξεπεράσετε αυτό το πρώτο εμπόδιο. Αν, παρ' όλα αυτά, ο δρόμος εξακολουθεί να είναι αποκλεισμένος, ρωτήστε:

- να μπορείτε να καλέσετε ξανά κάποια άλλη στιγμή ("Μπορείτε να μου πείτε πότε θα είναι διαθέσιμο;"),

- να κλείσετε άμεσα ένα ραντεβού ("Έχετε μπροστά σας την ατζέντα του;").

Ο καλύτερος τρόπος είναι προφανώς να βρείτε τον άμεσο αριθμό τηλεφώνου του υποψήφιου πελάτη σας, ο οποίος θα σας γλιτώσει από αυτό το μερικές φορές επίπονο και χρονοβόρο βήμα.

ΠΩΣ ΠΑΡΑΚΟΛΟΥΘΕΙΤΕ ΚΑΙ ΔΙΑΧΕΙΡΙΖΕΣΤΕ ΜΙΑ ΕΚΣΤΡΑΤΕΙΑ ΤΗΛΕΜΑΡΚΕΤΙΝΓΚ;

Ξεκινήστε με τη σύνταξη ενός αρχείου που θα περιέχει τις πληροφορίες από κάθε κλήση (επαφές και ημερομηνίες) καθώς και το αποτέλεσμα της επικοινωνίας (ανάγκες του υποψήφιου πελάτη, αντιρρήσεις, πρόταση που έγινε, αντικείμενο της συζήτησης κ.λπ.). Μπορείτε να τα οργανώσετε, για παράδειγμα, σε έναν συγκεντρωτικό πίνακα στο Excel. Αυτό θα σας επιτρέψει να δημιουργήσετε μια βάση δεδομένων, να αναλύσετε τα αποτελέσματά σας και να βελτιώσετε τις μελλοντικές σας κλήσεις χάρη στη γνώση των προοπτικών σας.

ΠΩΣ ΝΑ ΠΑΡΑΚΟΛΟΥΘΕΙΤΕ ΑΠΟΤΕΛΕΣΜΑΤΙΚΑ ΕΝΑΝ ΔΥΝΗΤΙΚΟ ΠΕΛΑΤΗ;

Μπορείτε να συνεχίσετε με τον υποψήφιό σας και να δοκιμάσετε την τύχη σας για δεύτερη φορά για διάφορους λόγους:

• να μάθετε για τα νέα τους κίνητρα,

• ανακοινώστε ένα νέο χαρακτηριστικό στην προσφορά σας,

• να απαντήσει σε μια ερώτηση που έμεινε ανοιχτή κατά την προηγούμενη συνέντευξη,

- να στέλνουν πρόσθετες πληροφορίες που μπορεί να τους επηρεάσουν.

Ιδανικά, θα πρέπει να κλείσετε την πρώτη κλήση με ένα άνοιγμα, ώστε να έχετε μια νόμιμη δικαιολογία για να επικοινωνήσετε ξανά μαζί τους.

ΠΩΣ ΜΠΟΡΩ ΝΑ ΠΡΟΕΤΟΙΜΑΣΤΩ ΓΙΑ ΑΠΡΟΣΔΟΚΗΤΕΣ ΚΑΤΑΣΤΑΣΕΙΣ;

Το καλύτερο που έχετε να κάνετε είναι να καταρτίσετε ένα τηλεφωνικό σενάριο, ένα σενάριο συνομιλίας, ώστε να είστε προετοιμασμένοι για διάφορα ενδεχόμενα. Σχεδιάστε την παρουσίαση των πωλήσεών σας, την παρουσίασή σας, τις πιθανές ερωτήσεις και αντιρρήσεις και τις απαντήσεις σας σε κάθε μία από αυτές. Φυσικά, πρέπει να προσαρμόσετε το σενάριό σας στον υποψήφιο πελάτη σας, να το εξατομικεύσετε! Για αυτό, η καλή προετοιμασία είναι η καλύτερη συνταγή.

ΠΩΣ ΜΠΟΡΩ ΝΑ ΔΙΑΤΗΡΗΣΩ ΤΗΝ ΨΥΧΡΑΙΜΙΑ ΜΟΥ ΑΝ Ο ΥΠΟΨΗΦΙΟΣ ΕΚΝΕΥΡΙΣΤΕΙ;

Κάθε τηλεφωνική συνάντηση αναζήτησης θα σας φέρει το μερίδιό της από δυσαρεστημένους και αγενείς ανθρώπους. Εάν ο καλούντας χρειάζεται να εκφράσει την ενόχλησή του, αφήστε τον να το κάνει και ακούστε τον προσεκτικά (προσπαθείτε πάντα να πάρετε όσο το δυνατόν περισσότερες πληροφορίες για τον καλούντα), ενώ παράλληλα προσπαθείτε να απαντήσετε με ηρεμία και σεβασμό στην κριτική του. Δείξτε ενσυναίσθηση και κατανόηση για την κατάστασή τους. Αν νιώσουν τη συμπάθειά σας, θα είναι πιο πιθανό να ηρεμήσουν.

ΠΩΣ ΝΑ ΠΡΟΒΛΕΨΕΤΕ ΠΙΘΑΝΕΣ ΑΝΤΙΡΡΗΣΕΙΣ;

Πρέπει να προετοιμάσετε τις απαντήσεις σας εκ των προτέρων σύμφωνα με τον πιθανό πελάτη σας. Αν τα έχετε μελετήσει καλά, θα είστε σε θέση να εντοπίσετε εύκολα τα ευαίσθητα σημεία που θα μπλοκάρουν τη διαδικασία και να αναπτύξετε επιχειρήματα για την αντιμετώπισή τους. Δεν είναι θέμα προετοιμασίας των ίδιων απαντήσεων για κάθε υποψήφιο: η δράση σας πρέπει να είναι χειρουργική και εξατομικευμένη.

Θα αντιμετωπίσετε δύο είδη αντιρρήσεων:

- γενικές, όπως "δεν έχω χρόνο", "δεν ενδιαφέρομαι". Σε αυτή την περίπτωση, μόνο η πειστικότητά σας μπορεί να κάνει τη διαφορά,

- συγκεκριμένες, όπως "έχω ήδη το ίδιο προϊόν από έναν ανταγωνιστή", "είναι λίγο ακριβό", ή αντίθετα "είστε σίγουρος ότι κοστίζει μόνο...? Σε αυτή την περίπτωση, ο υποψήφιος σας ενδιαφέρεται έστω και λίγο, γιατί σας λέει την αιτία του μπλοκαρίσματος! Η πόρτα είναι επομένως ανοιχτή, οπότε μάθετε πώς να μπείτε μέσα απαντώντας με ένα καλό επιχείρημα που θα τους κάνει να διστάσουν και στη συνέχεια να αλλάξουν γνώμη.

ΠΩΣ ΜΠΟΡΩ ΝΑ ΔΙΑΣΦΑΛΙΣΩ ΟΤΙ ΕΝΑΣ ΥΠΟΨΗΦΙΟΣ ΣΥΜΦΩΝΕΙ;

Για να ελέγξετε τη συμφωνία ενός δυνητικού αγοραστή:

- πείτε του/της για την προθυμία σας να συνεργαστείτε,

- δώστε μια (εφικτή) υπόσχεση για το επόμενο ραντεβού σας,

- Συνοψίστε τα σημεία στα οποία συμφωνήσατε και κανονίστε μια μελλοντική συνάντηση.

ΓΙΑ ΝΑ ΠΡΟΧΩΡΗΣΕΤΕ ΠΕΡΑΙΤΕΡΩ

ΒΙΒΛΙΟΓΡΑΦΙΚΕΣ ΠΗΓΕΣ

Batun (François), "Le storytelling pour un argumentaire commercial percutant", στο *D2b Consulting*, Ιούνιος 2015, πρόσβαση στις 3 Δεκεμβρίου 2015.

http://www.d2bconsulting.fr/storytelling-pour-un-argumentaire-commercial-impactant/

Cabrera (Victor), "How to do a smart customer relaunch?", στο *Technique De Vente*, Φεβρουάριος 2015, πρόσβαση στις 7 Δεκεμβρίου 2015.

http://www.technique-de-vente.com/comment-vendre-meme-si-vous-netes-pas-parvenu-a-conclure-une-vente/

Cabrera (Victor), "How to succeed in telephone prospecting", στο *Technique De Vente*, Μάιος 2015, πρόσβαση στις 3 Δεκεμβρίου 2015.

http://www.technique-de-vente.com/comment-reussir-une-prospection-telephonique/

Cabrera (Victor), "Τηλεπωλητής: 14 συμβουλές για επιτυχία", στο *Technique De Vente*, Αύγουστος 2015, πρόσβαση στις 3 Δεκεμβρίου 2015.

http://www.technique-de-vente.com/teleprospecteur-14-conseils-pour-reussir/

Cielle (Arnaud), *Comment trouver et fidéliser vos clients*, Paris, Dunod, 2011.

El Kaddioui (Karim), "Telephone prospecting: selling like a pro", στο *Business Tool Box,* Αύγουστος 2012, πρόσβαση στις 9 Δεκεμβρίου 2015.

http://blog.businesstoolbox.fr/prospection-telephonique-apprenez-a-vendre-comme-un-pro/

Mouzé (Bruno), "10 astuces pour réussir sa prospection téléphonique", στο *L'efficacité commerciale*, Ιανουάριος 2014, πρόσβαση στις 7 Δεκεμβρίου 2015.

http://lefficacitecommerciale.fr/10-astuces-pour-reussir-sa-prospection-telephonique/

"Αντανακλαστικά που πρέπει να αποκτήσετε και συμβουλές που πρέπει να ακολουθήσετε", στο *petite-entreprise.net*, Αύγουστος 2013, πρόσβαση στις 10 Δεκεμβρίου 2015.

http://www.petite-entreprise.net/P-3762-85-G1-prospection-telephonique-reflexes-a-acquerir-et-astuces-a-suivre.html

ΠΡΟΣΘΕΤΕΣ ΠΗΓΕΣ

Aguilar (Michaël) και Lafaix (Philippe), *Les accélérateurs de vente. 100 techniques incontournables pour vendre plus, plus vite, plus cher*, 2ᵉ edition, Paris, Dunod, 2011.

Baudier (Michel), *Bien prospecter par téléphone pour obtenir des rendez-vous*, Paris, Maxima, 2011.

Henry (Isabelle), *Osez la prospection téléphonique*, Castries, COM... TEL, 2015.

Moulinier (René), *Prospection commerciale. Stratégies et tactiques pour acquérir de nouveaux clients*, 3ᵉ edition, Paris, Éditions d'Organisation, 2009.

Vendeuvre (Frédéric) και BEAUPRÉ (Philippe), *Gagner de nouveaux clients. La prospection efficace*, 4ᵉ έκδοση, Παρίσι, Dunod, 2013.

Ο εκδότης διασφαλίζει την αξιοπιστία των πληροφοριών που δημοσιεύονται, η οποία όμως δεν μπορεί να αποτελέσει ευθύνη του.

Κύριο ISBN: 9782808664325
ISBN: 9782808671743
Νόμιμη κατάθεση: D/2023/12603/496

Ψηφιακός σχεδιασμός: Primento,
ο ψηφιακός συνεργάτης των εκδοτών.

www.ingramcontent.com/pod-product-compliance
Lightning Source LLC
LaVergne TN
LVHW010842200726
843508LV00012B/2712